LA VOIX DE
JOSEPH STIGLITZ

— Portrait d'un prix Nobel engagé
et alternatif

par Mouna Guidiri

50MINUTES

Avec la collaboration de Brigitte Feys

JOSEPH STIGLITZ

- **Naissance ?** Né le 9 février 1943 à Gary (Indiana, États-Unis).
- **Contexte et courant ?** Joseph Stiglitz est l'une des personnalités les plus connues du nouveau keynésianisme ou nouvelle économie keynésienne. Il fait également partie des pionniers de l'économie de l'information.
- **Ouvrages principaux ?**
  - *Principes de macroéconomie* (*Principles of Macroeconomics*), 1993.
  - *La Grande Désillusion* (*Globalization and its Discontents*), 2002.
  - *Quand le capitalisme perd la tête* (*The Roaring Nineties: a New History of the World's Most Prosperous Decade*), 2003.
  - *Un autre monde. Contre le fanatisme du marché* (*Making Globalization Work*), 2006.
  - *Principes d'économie moderne* (*Economics*), 2006, avec Jean-Dominique Lafay (né en 1944) et Carl E. Walsh (né en 1949).
  - *Le Triomphe de la cupidité* (*Freefall: America, Free Markets, and the sinking of the World Economy*), 2010.
  - *Le Prix de l'inégalité* (*The Price of Inequality*), 2012.
- **Prix ?** Il reçoit le prix Nobel d'économie en 2001, conjointement avec George Akerlof (né en 1940) et Michael Spence (né en 1943) pour sa contribution à l'économie de l'information.
- **Notions-clés ?**
  - Banque mondiale (BM) : institution internationale qui fait partie des agences spécialisées de l'ONU. Son rôle est de conseiller les pays en développement et de leur accorder des prêts dans le cadre de la lutte globale contre la pauvreté.
  - Économétrie : branche de l'économie qui se base sur les statistiques et sur différents outils mathématiques pour modéliser la réalité économique et les phénomènes qui s'y rapportent (croissance, inflation, etc.).

- ◦ <u>Économie de l'information</u> : branche de l'économie qui se base sur un constat d'asymétrie de l'information dans les marchés pour étudier l'impact de celle-ci sur les décisions économiques.
- ◦ <u>Fonds monétaire international (FMI)</u> : institution internationale dont le rôle est d'assurer la stabilité financière au niveau mondial et de faciliter les échanges internationaux.
- ◦ <u>Globalisation</u> ou mondialisation.
- ◦ <u>Indice du développement humain (IDH)</u> : indicateur mesurant le développement humain de chaque pays, il complète le PIB par habitant (qui ne reflète pas le bien-être individuel et collectif) par l'espérance de vie, le niveau d'éducation et le niveau de vie.
- ◦ <u>Nouveau keynésianisme</u> : aussi appelé nouvelle économie keynésienne, ce courant de pensée économique est apparu en réponse à la nouvelle économie classique. Il s'inspire de l'approche de John M. Keynes (économiste britannique, 1883-1946) et complète sa théorie par l'analyse des fondements microéconomiques de la macroéconomie, notamment en expliquant la rigidité des prix par les imperfections relatives à l'information. À ne pas confondre avec le néokeynésianisme.

> « Le véritable débat aujourd'hui est de trouver un équilibre entre action gouvernementale et marchés. Les deux se révèlent indispensables. » (Stiglitz, cité par ALTMAN (Daniel), « Managing Globalization: Questions & Answers With Joseph Stiglitz », in *The International Herald Tribune*, 2006)

Stiglitz appelle régulièrement à intensifier le dialogue entre le gouvernement et les marchés, et davantage encore entre ces derniers et les ménages. En nouveau keynésien invétéré, il considère que les politiques d'austérité mises en place par les pays pour pallier la crise relèvent souvent de l'illogisme. En regard des efforts entrepris par les États-Unis, il se montre intransigeant et souligne leur inefficacité, en pointant notamment du doigt les politiques sur la déréglementa-tion, le recul de la fiscalité progressive et le rétrécissement du filet social (*Le prix de l'inégalité*, 2012).

Ce n'est pas la première fois que la voix de ce prix Nobel s'élève pour dénoncer les politiques des grandes institutions. Il est en effet connu pour les accusations qu'il a adressées à la BM et au FMI, bien qu'il ait occupé le poste de vice-président de la première pendant quatre ans, ce qui rend ses commentaires encore plus interpellant.

L'ambition de cet économiste éclectique, expert en économétrie, en économie politique et en économie du développement, est de nuancer certains modèles économiques systématiquement utilisés. Il œuvre également pour la concrétisation d'une vraie démocratie, fondée sur un dialogue effectif entre experts et profanes, et surtout sur un accès équitable au savoir.

SA VIE, PORTRAIT D'UN PRIX NOBEL ENGAGÉ ET ALTERNATIF

LA JUSTICE, LEITMOTIV DE LA FAMILLE STIGLITZ

Originaire de Gary, une ville industrielle de l'État de l'Indiana dominée par la classe moyenne, Stiglitz acquiert très tôt, grâce à ses parents, une solide sensibilité en matière de justice et d'équité. D'une part, Charlotte, sa mère, est enseignante dans une école publique où la grande majorité des élèves est issue de familles vivant dans une extrême pauvreté. D'autre part, son père, Nathaniel, qui est agent d'assurance – ce qui ne manquera pas d'influencer les travaux de son fils –, défend vigoureusement les idées du parti démocrate, dont celle sur le droit des domestiques à bénéficier d'une sécurité sociale.

UN PARCOURS UNIVERSITAIRE BRILLANT

Malgré les résultats anecdotiques d'un test de personalité le prédestinant à devenir rabbin, Stiglitz opte pour l'université. Il entame son parcours académique à l'Amherst College (une école du Massachusetts aux positions fortement libérales) où il passe trois ans avant d'être orienté par ses professeurs, qui perçoivent déjà ses grandes capacités analytiques, vers le Massachusetts Institute of Technology (MIT). Il y participe à plusieurs projets de recherche, notamment aux côtés du professeur Hirofumi Uzawa (économiste japonais, 1928-2014), connu pour avoir initié le champ des mathématiques appliquées à l'économie et modélisé la théorie de la croissance dans le courant néoclassique.

Par la suite, les succès s'enchaînent pour Stiglitz : il reçoit le titre de docteur en 1967, à peine âgé de 24 ans, devient professeur à l'université de Yale à '27 ans, puis membre de la société d'économétrie (Econometric Society), socle de cette discipline, deux ans plus tard. Il occupe également plusieurs autres postes de professeur aux universités de Stanford, d'Oxford, de Princeton et même de Nairobi. Décrire sa carrière académique comme brillante serait un doux euphémisme.

Parmi ses points forts, sa maîtrise de l'outil économétrique l'amène à prendre part à de nombreux débats sur l'analyse des problématiques liées aux politiques économiques, à un moment où l'on met de côté la philosophie et l'idéologie au profit des mathématiques. Par ailleurs, ses intérêts ne se bornent pas à une seule branche : l'économie politique, l'économie du développement et, bien sûr, l'économie de l'information bénéficient toutes des contributions de Stiglitz.

FONDATEUR DE L'ÉCONOMIE DE L'INFORMATION

Stiglitz collabore avec Andrew Weiss (économiste américain, né en 1947) en vue de critiquer le modèle classique du marché du crédit qui, selon eux, ne tient pas compte de l'importance de l'asymétrie de l'information. Leur article, « Credit Rationing in Markets With Imperfect Information » paraît en 1981.

ANDREW WEISS

Cet économiste américain a travaillé comme consultant auprès de la Banque mondiale et du Conseil américain de la recherche (United States National Research Council), un organisme gouvernemental de recherche, et est membre de la société d'économétrie. En plus de plusieurs articles de recherche, il est l'auteur d'un ouvrage intitulé *Efficiency Wages: Models of Unemployment, Layoffs and Wage Dispersion*, publié en 1991.

UN THÉORICIEN DOUBLÉ D'UN POLITICIEN

Si Stiglitz s'illustre particulièrement dans le domaine académique, il prône cependant, depuis toujours, une connexion entre le milieu universitaire, les décideurs politiques et les individus lambda. Sa carrière ne se limite donc pas au champ des études : il occupe également plusieurs fonctions politiques au cours de sa vie. En 1993, il rejoint l'équipe du président Bill Clinton (démocrate, né en 1946) en tant que conseiller économique au Council of Economic Advisors et est nommé dirigeant des conseillers en 1995.

En 1997, Stiglitz quitte l'administration Clinton pour devenir le vice-président et économiste en chef de la Banque mondiale. Les quatre années qu'il y passe renforcent son opposition aux politiques internationales en place, surtout en matière de développement. Il ne manque pas d'exprimer publiquement ses désillusions vis-à-vis du néolibéralisme, qui guident fortement les décisions et les projets de la BM. *La Grande Désillusion* (2002), qui rencontre dès sa publication un franc succès auprès d'un public éclectique, offre un résumé de toutes ses remises en question, parmi lesquelles ce qu'il nomme « le fanatisme du libre marché cher au FMI » et « le capitalisme des copains ». Le premier fait référence à l'aveuglement du FMI qui ne considère pas d'autres modèles que le libre marché comme cadre des échanges internationaux et du développement. Quant au capitalisme des copains, il désigne le copinage entre les représentants du gouvernement dont découle un certain favoritisme (également désigné par l'expression *crony capitalism*).

Lorsqu'il démissionne de son poste à la Banque mondiale en 2000, il retrouve le monde universitaire, et plus précisément celui de l'université de Columbia à New York. Mais si l'année 2001 signe son revirement de carrière, elle marque surtout le couronnement de son travail sur l'asymétrie de l'information puisqu'il reçoit le prix Nobel d'économie, avec Michael Spence et George Akerlof.

PAS DE DÉMOCRATIE SANS ACCÈS À L'INFORMATION

Aujourd'hui professeur à la Graduate School of Business de l'université de Columbia, Stiglitz rédige régulièrement des ouvrages dont la particularité réside dans le style accessible par lequel il réussit à vulgariser certaines problématiques économiques. Il est en effet convaincu que pour parvenir à instaurer une démocratie plus saine, il est impératif que tout individu – qu'il soit novice ou expert en la matière – puisse saisir et comprendre les phénomènes et décisions qui façonnent l'actualité.

Dans le même ordre d'idées, il a lancé un groupe de réflexion sur les politiques en place aux États-Unis, Think Tank Initiative for a Policy Dialogue, ainsi que la revue *The Economists' Voice* dont il est rédacteur en chef. Par ce biais, il cherche à réduire l'écart entre les informations délivrées dans les articles scientifiques en économie, notamment, et le lectorat, qui n'est pas forcément formé pour saisir toute la complexité des propos qui y sont tenus.

SON ŒUVRE, UN APPORT CONSIDÉRABLE POUR L'ÉCONOMIE

Les thèmes couverts par les travaux de recherche, ouvrages et articles scientifiques élaborés par Joseph Stiglitz sont nombreux et variés.

LA THÉORIE DE L'ASYMÉTRIE DE L'INFORMATION

Pour ce célèbre économiste, la circulation de l'information (son accessibilité pour tous les acteurs du marché) est l'un des critères cruciaux de la concurrence parfaite, contexte unique où le fameux mécanisme de la main invisible peut être appliqué.

LA MAIN INVISIBLE

Conceptualisée par Adam Smith (économiste britannique, 1723-1790), la main invisible désigne le mécanisme par lequel la poursuite par chaque individu de son intérêt personnel mène au bien-être collectif. Cette métaphore révèle une sorte de force naturelle qui régulerait les marchés.

En d'autres termes, un échange ne rentre dans ce cadre que si les deux personnes ou entités qui le réalisent ont accès à la même information. Selon Stiglitz – et ce malgré le fait que le courant classique et ses extensions ont toujours considéré l'hypothèse de l'efficience parfaite et donc orienté leurs analyses dans ce sens –, cette vision des choses théorique ne se vérifie pas au cours des situations d'échange réelles.

L'asymétrie de l'information

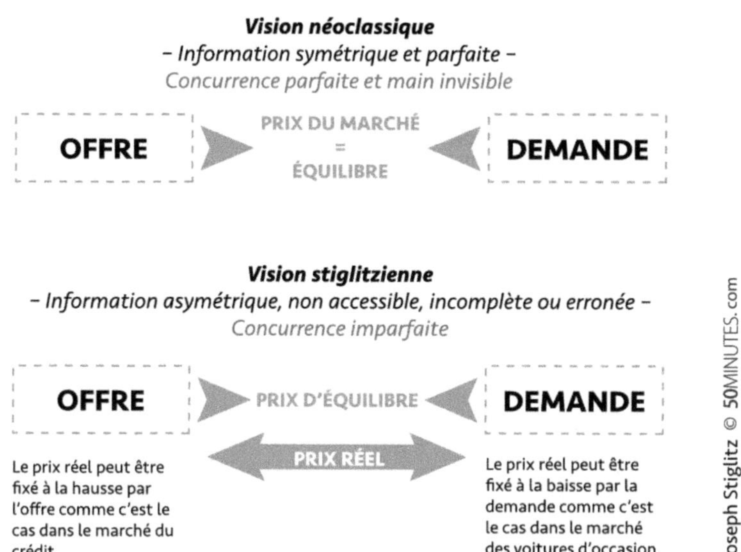

La preuve par le rationnement du crédit

En 1981, Joseph Stigliz et Andrew Weiss développent un argumentaire critique vis-à-vis de la circulation de l'information relative aux biens et services échangés sur le marché. Ils y considèrent le marché du crédit et particulièrement son rationnement (qui implique une intervention étatique). À la base de leur réflexion, une question : si la perfection du marché permet d'équilibrer l'offre et la demande par l'ajustement automatique des prix – en l'occurrence, via le taux d'intérêt –, pourquoi le rationnement existe-t-il ?

Selon les deux auteurs, la réponse est à chercher du côté de l'imperfection de l'information obtenue par les banques. Malgré l'existence de dossiers qui contiennent de nombreuses données sur les bénéficiaires potentiels, ils n'ont jamais qu'un caractère indicatif sur la capacité effective des clients à rembourser les prêts accordés. En amont de ce développement, Stiglitz pose les bases des discussions autour de l'asymétrie de l'information en écrivant un article sur le *screening*, une technique utilisée par la partie la moins informée de l'échange pour catégoriser l'autre partie et lui proposer l'offre la plus adaptée.

Bonne affaire ou tacot ?

Prenons un exemple simple, celui du marché des voitures d'occasion, exploité notamment par Akerlof. Sur ce marché, il est difficile d'accéder à certaines informations telles que l'état technique de la voiture, le style de conduite du revendeur, le nombre d'accidents dont a souffert le véhicule, etc. Résultat : impossible pour l'acheteur de se faire une idée précise de l'état du produit. Incapable de déterminer s'il s'agit d'une bonne affaire ou d'un tacot, il a tendance à attribuer un prix moyen à toutes les voitures, ce qui a pour conséquence, d'une part, de décourager les vendeurs de voitures de bonne qualité, qui se retrouvent ainsi éjectés du marché et d'autre part, d'encourager les vendeurs de voitures d'occasion, qui occupent dès lors plus de place sur le marché.

Pour utiliser le jargon adéquat, on parlera de « sélection adverse » ou d'« antisélection » : le résultat atteint est à l'opposé de celui qui était initialement visé.

Une autre conséquence de l'asymétrie de l'information s'observe particulièrement dans le domaine de l'assurance. Un client dont le dossier démontre un certain niveau de risque peut changer de comportement après la signature du contrat d'assurance : le client est en effet susceptible de se montrer plus averse au risque, ce qui augmente indéniablement les coûts couverts par l'agence d'assurance.

Le salaire efficient

De la même manière qu'il pose la question de l'existence du rationnement sur le marché du crédit, Stiglitz s'intéresse au chômage.

Avec Carl Shapiro (économiste américain, né en 1955) dans l'article « Equilibrium Unemployed as a Worker Discipline Device » (1984), il souligne que la théorie de l'asymétrie de l'information permet également d'expliquer en partie le phénomène du chômage.

Ainsi, sur le marché de l'emploi, les CV, lettres de motivation et diplômes ont une fonction de *screening* ou signal délivré par une partie. Toutefois, comme dans le cas du crédit, la productivité du futur employé ne peut être garantie par ces documents uniquement. Afin de pallier ce problème et d'attirer les employés les plus performants, l'employeur peut décider de fixer le salaire à un niveau supérieur à la moyenne du marché. C'est ce que Stiglitz appelle le « salaire efficient ». Dès lors, l'employé a intérêt à être productif pour ne pas risquer le licenciement et, indirectement, une rémunération inférieure. Si le problème semble résolu à ce niveau, on observe cependant, puisque tous les employeurs adoptent la même stratégie, que la demande de travail (ou offre d'emploi) baisse, ce qui renforce la problématique du chômage. « Le chômage est la conséquence de la structure de l'information relative à l'emploi. » (Stiglitz (Joseph E.) et Shapiro (Carl), « Equilibrium Unemployment as a Worker Discipline Device », in *The American Economic Review*, American Economic Association, volume 74, n° 3, juin 1984)

LE COURANT DU NOUVEAU KEYNÉSIANISME

Postulats

S'opposant au courant néoclassique, Stiglitz se révèle être un partisan des idées du célèbre économiste britannique John M. Keynes. Selon eux, le marché ne peut s'autoréguler et une intervention de l'État est toujours souhaitable, surtout en période de relance économique.

Toutefois, Stiglitz ne partage pas tous les postulats du keynésianisme puisqu'il ne retient notamment pas l'idée de l'information parfaite. Cette modification est le principal axe d'un nouveau courant, celui du nouveau keynésianisme, inspiré par Keynes et complété par Stiglitz, ainsi que de l'économie de l'information.

QU'EST-CE QUE LE KEYNÉSIANISME ?

Fondée par John M. Keynes, cette école de pensée économique rejette l'autorégulation du marché et affirme que l'État doit endosser le rôle d'agent économique et l'encadrer pour atteindre l'équilibre. L'influence de Keynes est perceptible à travers plusieurs courants qui ont complété le modèle keynésien ou l'ont combiné avec d'autres modèles :

- **la synthèse néoclassique ou néokeynésianisme** est influencé par le courant néoclassique et compte parmi ses représentants les plus importants John Hicks (1904-1989), qui est à l'origine du modèle IS/LM), Paul Samuelson (1915-2009), Robert Solow (né en 1924), Franco Modigliani (1918-2003), Robert Mundell (né en 1932) et Gregory Mankiw (né en 1958). Ses modèles centraux sont IS/LM et sa version internationale, Mundell-Flemming, ainsi que la courbe de Phillips ;
- **l'école du nouveau keynésianisme** se rapproche des néoclassiques en ce qui concerne la notion de l'équilibre général, mais s'en détache lorsqu'il s'agit de la perfection de l'information que ses membres' considèrent comme limitée dans la réalité. Leurs représentants les plus influents sont George Akerlof, Joseph Stiglitz, Olivier Blanchard (né en 1948) et Lawrence Summers (né en 1954). Leurs notions et modèles clés sont l'asymétrie de l'information, la sélection adverse ou encore le salaire d'efficience ;
- **le post-keynésianisme** se concentre strictement sur les principes keynésiens. Piero Sraffa (1898-1983), Michal Kalecki (1899-1970) et Roy Forbes Harrod (1900-1978) figurent parmi les post-keynésiens les plus connus.

L'austérité n'est pas la solution

La position stiglitzienne par rapport à la crise financière s'inscrit dans la lignée du nouveau keynésianisme, particulièrement lorsqu'il s'agit des mesures à adopter pour y remédier. Il vilipende l'austérité généralisée en arguant que cette stratégie installe, en réalité, un cercle vicieux. Elle engendre une baisse des dépenses publiques touchant les salaires des fonctionnaires et les coûts relatifs à l'infrastructure générale (santé, éducation, etc.), entraînant alors une baisse de la demande des ménages et des entreprises, et ainsi de suite.

L'austérité budgétaire

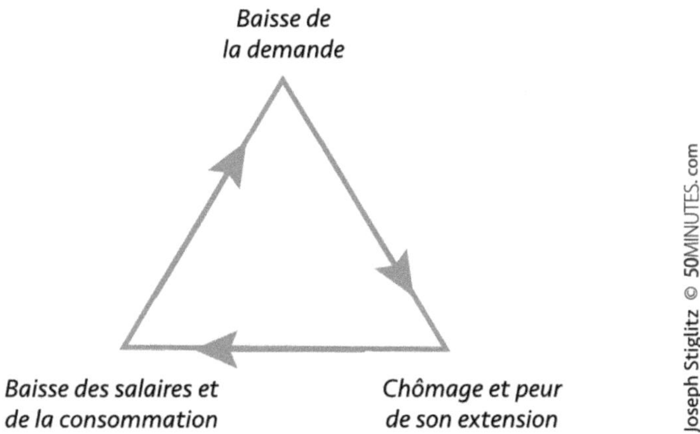

Stiglitz recommande, à la place, une réduction ciblée des taxes et une augmentation des dépenses publiques de manière équilibrée, et ce afin de booster la demande et ainsi relancer le système économique.

LA CRITIQUE STIGLITZIENNE DE LA BM ET DU FMI

Dans *La Grande Désillusion*, qui représente probablement son ouvrage le plus consulté, Stiglitz résume toutes les critiques qu'il adresse aux grandes institutions internationales, notamment à la

Banque mondiale, où il a occupé le poste de vice-président pendant quatre ans.

L'un des reproches majeurs qu'il formule à leur encontre est la tendance à précipiter systématiquement les pays en transition vers des économies capitalistes et de marché, ce qui a pour conséquence d'aggraver les crises économiques et de déclencher des ruptures sociétales puisque les riches s'enrichissent toujours plus au détriment des plus pauvres. Pour lui, il est en effet indispensable d'assurer une bonne base institutionnelle – comprenant des règles sociétales acceptées par le plus grand nombre –, avant même de penser à concrétiser un quelconque modèle économique.

Ainsi, dans les années quatre-vingt, le FMI a lancé, dans plusieurs pays africains, une vague de programmes d'ajustements structurels qui n'ont eu pour effet que d'empirer la situation de la majorité d'entre eux (renforcement des dictatures, fort endettement, etc.), dépourvus d'institutions solides et démocratiques pour les encadrer.

PROGRAMME D'AJUSTEMENT STRUCTUREL

Un programme d'ajustement structurel est un ensemble de réformes économiques mises en place par le FMI ou la Banque mondiale pour aider des pays en situation de crise. Ces réformes sont accompagnées de prêts.

L'IDH, POUR UNE MESURE ALTERNATIVE DE LA SANTÉ ÉCONOMIQUE

Conceptualisation

Le débat autour de la mesure de la croissance et de la santé économiques ne date pas d'hier. Si Stiglitz est qualifié par certains d'économiste « alternatif », c'est qu'il appelle à une prise de recul par rapport à plusieurs modèles et outils économiques systématiquement appliqués pour expliquer ou résoudre les problèmes contemporains.

Sa dernière contribution à cet égard est le rapport qui lui a été commandité par Nicolas Sarkozy (homme d'État français, né en 1955) en janvier 2008 à l'occasion du World Economic Forum à Davos (Suisse).

La requête formulée par le président français à l'économiste consistait à évaluer la pertinence des outils utilisés pour mesurer la performance économique, en particulier ceux qui se basent sur le PIB, et à analyser la possibilité d'intégrer le bien-être social dans cette mesure. Une Commission sur la mesure des performances économiques et du progrès social est alors créée, présidée par Stiglitz et composée de 15 autres économistes de divers horizons et institutions, dont Amartya Sen (économiste indien, né en 1933) et Jean-Paul Fitoussi (économiste français, né en 1942). Présenté le 14 septembre 2009, le rapport final développe un concept novateur : l'Indice du développement humain (IDH).

Particularités

Comme son nom l'indique, cet indicateur alternatif de la santé (qui révèle la performance économique) d'un pays ou d'une région intègre deux nouvelles dimensions :

- la soutenabilité du développement. Ainsi, l'indice ne juge pas uniquement les économies sur la base de leur PIB, mais exige que ce dernier soit généré par des activités durables ;
- le bien-être social. En plus d'être durables, ces activités doivent également prévoir des mesures pour améliorer la qualité de vie des citoyens (par exemple, l'accès et la qualité de l'éducation et des soins de santé).

Le rapport, en tant que tel, suggère de construire un tableau de bord qui rassemble ces deux critères sous forme de sous-indicateurs, en plus de celui, plus classique, du PIB.

RÉPERCUSSIONS

LIMITES ET CRITIQUES DE L'APPROCHE DE STIGLITZ

Membre turbulent en raison de ses critiques publiques envers le FMI et la BM, Stiglitz a rapidement suscité de multiples réactions. Les limites de certains de ses arguments ont été démontrées, qu'ils soient liés aux politiques de développement qu'il prône ou à sa tendance keynésienne plus générale.

La résignation stiglitzienne

Jonathan Chait (né en 1972), ancien éditeur pour la revue *The American Prospect* et actuellement en poste au *New Republic*, a ainsi attaqué la façon dont Stiglitz vilipendait les politiques et les décisions de la Banque mondiale. Il lui a particulièrement reproché sa manière d'exposer publiquement certains de ses points de vue qui avait pourtant été rejetés durant les réunions internes (CHAIT (Jonathan), « *Shoeless Joe Stiglitz* », in *The American Prospect*, 19 décembre 2001).

Un économiste vaudou ?

Concernant le contenu même de ses discours critiques, une lettre ouverte (sur le site web du FMI) lui a été adressée par l'Américain Kenneth Rogoff (professeur de politique publique et d'économie à Harvard et économiste en chef du FMI de 2001 à 2003, né en 1953) en 2002, à la suite de la publication de *La Grande Désillusion*. Celui-ci avance que Stiglitz est un académique, ce qui affecte sa vision de politicien. Bien plus, il critique sa théorie relative à la gestion des crises, qu'il rapproche de celle d'Arthur Laffer (économiste libéral américain, né en 1940).

Selon Rogoff, penser que réduire les taxes et accroître le déficit peut encourager les employés à travailler en vue de renflouer les caisses de l'État relève d'une « économie vaudou » – expression initialement utilisée par Georges Bush senior (homme d'État américain, né en 1924) lors de sa campagne présidentielle pour décrire les stratégies de Ronald Reagan (homme d'État américain, 1911-2004), son opposant.

Cette critique a été renforcée par Rudiger Dornbusch (économiste allemand et professeur au MIT, 1942-2002), qui affirme métaphoriquement que si un ministre tentait d'appliquer les principes alternatifs (qu'il surnomme « clinique de médecine alternative ») de Stiglitz dans son pays, il aurait tôt fait de revenir d'urgence au FMI (LOUNGANI (Prakash), « Le Professeur du Peuple », in *Finances & Développement*, 2009).

EXTENSIONS

Parallèlement, les propos de Stiglitz ont été repris par certains mouvements alternatifs et défendus par d'illustres économistes.

Le gourou des altermondialistes

Est altermondialiste toute personne s'opposant à la forme actuelle de la mondialisation, à la fois néolibérale et négligeant certaines franges de la société ainsi que certaines dimensions sociales en plus de l'environnement, entre autres.

Le courant altermondialiste est fortement marqué et inspiré par l'analyse stiglitzienne de la mondialisation, notamment développée dans *La Grande Désillusion*. Les idées de Stiglitz sont reprises par l'Association pour la taxation des transactions financières et pour l'action citoyenne (ATTAC) ou encore par les mouvements des indignés qui se sont formés suite à la crise économique de 2008 afin de montrer le désaccord des citoyens face à la classe politique qui se désengage de la défense des droits humains. L'économiste a également été invité à plusieurs éditions du Forum social mondial.

QU'EST-CE QUE LE FORUM SOCIAL MONDIAL ?

Le Forum social mondial est un rassemblement annuel d'activistes civils et d'organisations citoyennes ayant pour but de discuter des thèmes liés à la mondialisation. Il est organisé pour contrecarrer le Forum économique mondial qui se déroule chaque année à Davos en Suisse.

Toutefois, Stiglitz rappelle que s'il s'oppose au capitalisme financier, il ne prône pas pour autant une destruction du marché. Selon lui, en effet, ce dernier doit seulement être encadré pour mieux fonctionner. Exposant son opinion dans son ouvrage *Un autre monde. Contre le fanatisme du marché*, il pose les bases d'un programme de démocratisation de la mondialisation.

EN RÉSUMÉ

1943	Naissance de Joseph Stiglitz
1944-1945	Création du FMI et de la BM, suite aux accords de Bretton Woods
1967	Stiglitz devient docteur en économie
1981	« Credit Rationing in Market with Imperfect Information » avec Andrew Weiss
1993	Conseiller économique auprès de Bill Clinton
1997-2000	Vice-président de la BM
2001	Prix Nobel d'économie avec Spence et Akerlof
2002	*La Grande Désillusion*
2008-2009	Conception sur l'IDH

- Joseph E. Stiglitz est un économiste dont les travaux couvrent plusieurs branches de l'économie telles que l'économie politique, l'économie du développement et l'économétrie.

- Il appartient au courant du nouveau keynésianisme qui se base sur les principes keynésiens en intégrant entre autres l'idée de l'information imparfaite.

- Par sa modélisation de l'asymétrie de l'information, il pose les bases de l'économie de l'information, une nouvelle branche de l'économie qui étudie l'impact de l'information sur les décisions économiques.
- Il reçoit le prix Nobel d'économie en 2001, aux côtés de Michael Spence et de George Akerlof.
- Célèbre pour ses critiques publiques envers les institutions financières internationales (résumées dans son ouvrage intitulé *La Grande Désillusion*), il juge que ces dernières ne tiennent pas suffisamment compte des besoins des pays en développement ou en transition.
- Stiglitz a par ailleurs présidé la Commission sur la mesure des performances économiques et du progrès social chargée de conceptualiser l'Indice du développement humain (IDH).
- Enfin, il est fortement investi dans la démocratisation de l'accès aux informations et aux analyses économiques relatives à l'actualité et aux polémiques contemporaines. Pour lui, une vraie démocratie passe par un dialogue effectif entre experts et citoyens.

POUR ALLER PLUS LOIN

SOURCES BIBLIOGRAPHIQUES

- ALTMAN (Daniel), « Managing Globalization: Questions & Answers With Joseph E. Stiglitz », in *The International Herald Tribune*, 11 octobre 2006, consulté le 17 avril 2015.
  http://economistsview.typepad.com/economistsview/2006/10/joseph_stiglitz.html
- CHAIT (Jonathan), « Shoeless Joe Stiglitz », in *The American Prospect*, décembre 2001, consulté le 17 avril 2015.
  https://prospect.org/article/shoeless-joe-stiglitz
- COLLECTIF FAIR, « Le rapport Stiglitz vu par le Fair », in *Alternatives économiques*, mars 2011, consulté le 17 avril 2015.
  http://www.alternatives-economiques.fr/le-rapport-stiglitz-vu-par-fair_fr_art_1071_52959.html
- « Comprendre la lutte contre la corruption par Joseph Stiglitz », traduit de l'anglais par Magali Decèvre, in *L'Economiste*, 30 mai 2007, consulté le 17 avril 2015.
  http://www.leconomiste.com/article/corrompre-la-lutte-contre-la-corruptionbrpar-joseph-stiglitz-prix-nobel-d-economie
- LOUNGANI (Prakash), « Le Professeur du Peuple », in *Finances & Développement*, décembre 2009, consulté le 17 avril 2015.
  http://www.imf.org/external/pubs/ft/fandd/fre/2009/12/pdf/people.pdf
- PICHON-MAMÈRE (Françoise), « Stiglitz Joseph (1943-) », in *Encyclopædia Universalis*, consulté le 17 avril 2015.
  http://www.universalis.fr/encyclopedie/joseph-stiglitz/
- ROGOFF (Kenneth), « An open Letter », in *International Monetary Fund*, juillet 2002, consulté le 17 avril 2015.
  http://www.imf.org/external/np/vc/2002/070202.htm

- Stiglitz (Joseph E.), *La Grande Désillusion*, Paris, Fayard, 2002.
- Stiglitz (Joseph E.), Lafay (Jean-Dominique) et Walsh (Carl E.), *Principes d'économie moderne*, Bruxelles, De Boeck, 2014.
- Stiglitz (Joseph E.), Sen (Amartya) et Fitoussi (Jean-Paul), « Rapport de la Commission sur la mesure des performances économiques et du progrès social », in *Commission sur la mesure de la performance économique et du progrès social*, 2009, consulté le 17 avril 2015.
  http://www.stiglitz-sen-fitoussi.fr/documents/rapport_francais.pdf
- Stiglitz (Joseph E.) et Shapiro (Carl), « Equilibrium Unemployment as a Worker Discipline Device », in *The American Economic Review*, American Economic Association, volume 74, n° 3, juin 1984.

FILMS ET DOCUMENTAIRES

- *Around the World With Joseph Stiglitz*, documentaire sur la mondialisation, France, mars 2009.
  https://archive.org/details/AroundTheWorldWithJosephStiglitz
- *The Costs of Inequality*, conférence de Stiglitz à TEDxColumbia, États-Unis, 11 mars 2013.
  https://www.youtube.com/watch?v=GYHT4zJsCdo

50MINUTES
Art & Littérature
Business & Econom
Histoire & Société
Gestion & Marketing | numéro 9
LA PYRAMIDE DES BESOINS
DE MASLOW
Pourquoi faut-il comprendre
les besoins du client ?
Grandes Batailles | numéro 26
LA GUERRE
DU KIPPOUR
Le conflit à l'origine du premier
choc pétrolier
LE CARAVAGE
ET LES JEUX DE LUMIÈRE
SOYEZ LÀ
OÙ ON NE VOUS ATTEND PAS !
www.50minutes.com

www.50minutes.com

Éditeur responsable : Lemaitre Publishing
Rue Lemaitre 6 | BE-5000 Namur
info@lemaitre-editions.com

ISBN ebook : 978-2-8062-6404-6
ISBN papier : 978-2-8062-6405-3
Dépôt légal : D/2015/12603/175
Photo de couverture : © Jakub Krechowicz - Fotolia.com

Conception numérique : Primento,
le partenaire numérique des éditeurs